Inhaltsverzeichnis

Ma Ma

Me Me

Mi Mi

Mo Mo

Mu Mu

ma ma

me me

mi mi

mo mo

mu mu

La La

Le Le

Li Li

Lo Lo

Lu Lu

la la

le le

li li

lo lo

lu lu

Sa Sa

Se Se

Si Si

So So

Su Su

sa sa

se se

si si

so so

su su

Ma La Sa

Me Le Se

Mi Li Si

Mo Lo So

Mu Lu Su

Momo Momo

Susi Susi

Lisa Lisa

Limo Limo

Mimi Mimi

und

Ali Ali

Mama Mama

Uli Uli

Lilo Lilo

Oma Oma

und

Lilo
Susi
Lisa, male Lilo!
Lisa, male Susi!
Lisa, male

Oma Mama
Lisa, male Oma!
Lisa, male Mama!
Lisa, male

Susi Ali Momo Mama

Lilo Uli Oma Mimi

Ra Ra

Re Re

Ri Ri

Ro Ro

Ru Ru

ra ra

re re

ri ri

ro ro

ru ru

1 Mama Mama

2 Rosi Rosi

3 Lora Lora

4 Susi Susi

5 Rose Rose

6 Mimi Mimi

Lisa Lora Rose Rosi

Uli Limo Omi Mimi

Fa Fa
Fe Fe
Fi Fi
Fo Fo
Fu Fu

fa fa

fe fe

fi fi

fo fo

fu fu

Oma

Momo

Omi

Mami

Mimi

Suse

Resi

Susi

Rosi

Mama

Na Na
Ne Ne
Ni Ni
No No
Nu Nu

na na

ne ne

ni ni

no no

nu nu

Nino

Nase

Nora

Name

Nina

Oma Rosa
Mama Lore
Mama, rufe Oma an!

Male Lisa rosa an!

Male Mimi lila an!

Male Momo lila an!

Male Lora rosa an!

Male Rosi lila an!

1 Nino Nino

2 Nina Nina

3 Nase Nase

4 Lama Lama

5 Limo Limo

6 Lilo Lilo

Wen kann Nino malen?

Lama	Moni	Sofa	Lena	Limo
Lina	Lose	Momo	Name	Nina
Nase	Nora	Lilo	Mofa	Susi

Mei Mei

sei sei

Fei Fei

Rei Rei

fei fei

Sei Sei

lei lei

mei mei

rei rei

nei nei

nein

Nena Lena

Seife Milo

Silo Meile Reise

Leni Resi Meise

leise fein Reis

Lina Feile meine

seine Leine Sina

ei

Meise Seife Leine Seile Feile Ei Eis Reis

Alle malen!

Nino, male eine Rose!

Lisa, male eine Oma!

Susi, male eine Maus!

Mama, male eine Meise!

Omi, male eine Nase!

Welche Wörter kann Lora sprechen?

Mama Lena Susi Nase

Uli Lisa Lama Nino

fein Name Ali Silo

Mimi nein Lora Nora

Mau Mau

sau sau

Rau Rau

lau lau

Sau Sau

fau fau

mau mau

rau rau

Lau Lau

mei mei
Mau Mau
Fei Fei
fau fau
Sei Sei
sau sau
Rei Rei
rau rau
Lei Lei
lau lau

1 eine Rose

2 eine Maus

3 ein Sofa

4 ein Eis

5 eine Meise

6 eine Oma

7 ein Mofa

8 eine Sau

9 ein Ei

10 eine Seife

Seife

t t t t t t t t t t t t t t t t t t t t t t t t t t

t t t t t t t t t t t t t t t t t t t t t t t t t t

t t t t t t t t t t t t t t t t t t t t t t t t t t

t t t

t t t

t t t

ist ist ist ist ist ist ist ist ist ist

ist ist ist ist ist ist ist ist ist ist

ist ist

Mein Name ist Susi.

Mein Name ist Ali.

Mein Name ist Rosi.

Mein Name ist Uli.

Mein Name ist Lisa.

Mein Name ist Mimi.

Mein Name ist

Was hat Me außer dem Käse wohl noch gefressen?

Eis Feile Reise Salami Rosine Ramona Ei Reis

Melone Seife Limone Seile Meise Laus

1	Maus	Leine	Sofa	Sau
2	Saum	Ei	Seife	Lama
3	Rosa	Los	Reise	Limo
4	Eis	Meise	Seil	Raum

eine	ein
eine	ein
eine	ein
eine	ein
eine	ein
eine	ein
eine	ein
eine	ein
eine	ein

Nino malt

Nino malt Lisa.

Nino malt eine Rose.

Nino malt ein Lama.

Nino malt eine Meise.

Nino malt Ramona.

Alle malen

1 Oma malt eine Melone.

2 Ali malt eine Salami.

3 Uli malt ein Auto.

4 Mama malt eine Maus.

5 Rosi malt eine Ameise.

6 Susi malt ein Sofa.

Ha Ha
He He
Hi Hi
Ho Ho
Hu Hu
Hau Hau
Hei Hei

ha ha

he he

hi hi

ho ho

hu hu

hau hau

hei hei

hat hat

Lisa hat eine

Hasen
Hosen
Haufen
Hafen
Eier
Eimer
Reiher
Reifen
Reisen
Rosen

Hase

Haufen

Heino

Hafen

Haus

Hose

Hafer

Hof

Heiner

Hosen

rufen

sehen

rasen

saufen

lesen

laufen

leihen

sausen

malen

leimen

holen

1	Salami	Reihe	Hase	Feier
2	Haus	Eimer	Ameise	Hof
3	Rosine	Reifen	Reise	Hose
4	Hafen	Meise	Maler	Uhu

eine	ein
eine	ein
eine	ein
eine	ein
eine	ein
eine	ein
eine	ein
eine	ein
eine	ein

Hose Reifen Eimer Ofen Rehe Ananas Ameise

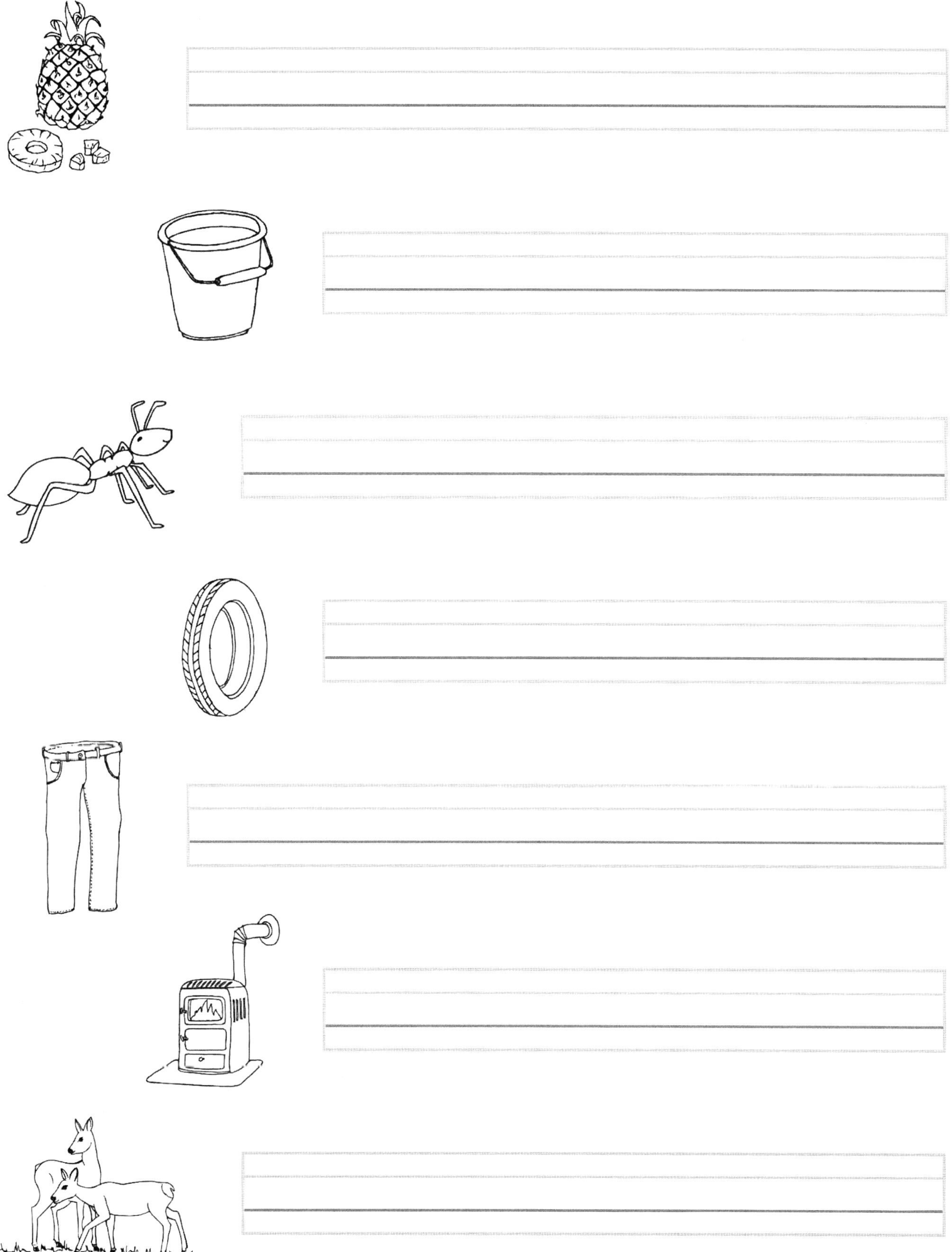

Welche Wörter kann Lora sprechen?

Hat Lisa eine Hose ?
Hat Lisa ein Mofa ?
Hat Lisa einen Hut?
Hat Lisa eine Nase ?

Lisa hat ein Mofa.

Lisas Mofa hat 2 Reifen.

Lisas Mofa ist rot.

Lisa hat einen Helm auf.

und

Heiner und Ramona

und

Simone und Susi

und

Lisa und Nina laufen.

und und

Mama und Lisa holen Eis.
Nino und Lisa malen ein Haus.
Reiner und Mimi ruhen aus.

Ist Lisa im Eimer?

Ist Heiner am Haus?

Ist Nino im Hafen?

Im Hof

Ist eine Maus im Haus?

Ist Mimi im Haus?

Ist Mimi im Hof?

Ist ein Mofa im Hof?

Eine Maus ist im Hof!

Ist ein Seil im Hof?

Ist eine Leine im Hof?

Ist ein Mofa im Hof?

Ist eine Maus im Hof?

Nein, nein, nein!

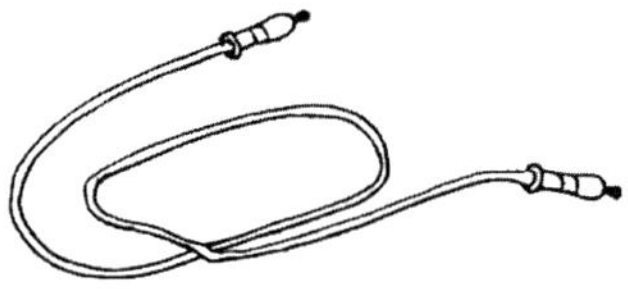

Ein Ei?

Nein, ein Seil.

Ein Eis?

Nein,

Eine Nase?

Eine Leine?

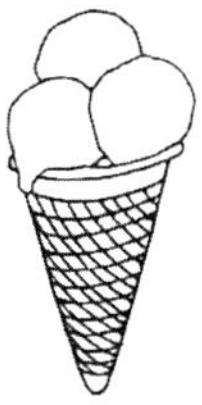

Eine Seife?

Eine Rose?

Eine Limo?

Lisa und Momo

Lisa hat einen Hasen.

Sein Name ist Momo.

Momo hat eine rosa Nase.

Lisa ist im Haus.

Momo ist im Haus.

Lisa und Momo laufen raus.

Schreibe die anderen Sätze in dein Heft.

Ameisenhaufen

Holen Ameisen Melonen? Nein!

Malen Ameisen Reifen an? Nein!

Rufen Ameisen „Tor“? Nein!

Ameisen rasen auf einen Haufen.

Ruhe!

Oma und Lisa lesen.
Ist es leise im Haus? Nein!
Fifi und Mimi rasen herum.
Hin und her, her und hin.
Raus und rein, rein und raus.
„Fifi!“, ruft Oma. „Mimi! Ruhe!“

Ruhe!